楽しくおぼえよう！

はじめての
手話と**点字**

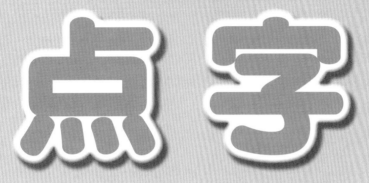

点字

さわる文字

監修 日本点字図書館

はじめに

　点字をはじめて見たあなたへ──。

　点字は、とても文字には見えず、読みとるのがむずかしそうな感じがするかもしれません。

　でも、指でさぐる文字としては非常に効率的にできています。点字は今から200年ほど前のフランスで生まれました。それまで、目の見えない人たちは、浮き出し文字をさわって本を読んでいました。見える人にも内容がわかりやすいことが大事だと思われていたからです。

　しかし、浮き出し文字は形を読みとるのに時間がかかります。また、自分自身で書くこともむずかしかったのです。点字は、指を横にすべらせるだけで読みとることができますし、自分自身ですぐにメモを取ることができます。点字によって、視覚障害者ははじめて自身の文字をもつことができたといえるでしょう。そして、目が見えなくても、大学へ進学したり、働く機会をえたりすることができるようになりました。

　近頃は、身近なところで点字を見つけることがふえてきました。しかし、読みたい本がすぐ読める環境にはなかなかなりません。点字を通じて、目の見えない人の不便さを知り、手助けの気持ちを育てていただければと思います。

日本点字図書館 図書製作部　和田 勉

もくじ

点字って、どんなもの？

「点字」を見たことがありますか？　どんなもの
か知っていますか？　さわって読む「点字」につ
いて学んでいきましょう。

指でさわって読む文字

　点字は、目の不自由な人が読み書きするた
めの文字です。目の見える人がふだん使って
いる文字とは、見た目がかなりちがいます。

　右上の写真には、点字がうつっています。
たくさんのもりあがった点がならんでいるの
がわかると思います。点字は、このもりあが
った点で、かな文字や数字、記号、アルファ

ベットなどをあらわします。

　点字は、目で見て読む文字ではありません。
指で直接、点をさわって読みとります。目が
見えない人は、紙などに書かれた通常の文字
を読むことができません。しかし、点字であ
れば、書かれたものを読んだり、文章を書い
たりすることができます。点字は、目の不自
由な人のために生まれた文字なのです。

点字で書かれた点
字図書。各ページ
の表と裏の両面に、
点字で文章が書か
れている。

点字タイプライターか
ら点字の書かれた紙が
打ちだされている（上）。

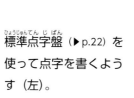

標準点字盤（▶p.22）を
使って点字を書くよう
す（左）。

点字は、指で直接さわって読みとる。

協力：筑波大学附属視覚特別支援学校

さまざまな場所で目にする点字

　点字は、わたしたちの身のまわりで、たくさん見つけることができます。

　たとえば、エレベーターで行き先階のボタンをおすとき、ボタンのまわりをよく見てください。そばに点字がならんでいることがあります。また、家の中では、家電製品、食品のパッケージ、調味料や飲み物の容器などに

も、点字がついているのを見つけられると思います。

　この本で点字のルールを学び、さまざまな場所にある点字を実際にさわって読んでみましょう。点字を知ることは、目の不自由な人たちのことを理解することにつながっていくはずです。

階段の手すり

郵便ポスト

エレベーター

洗濯機

公衆トイレ

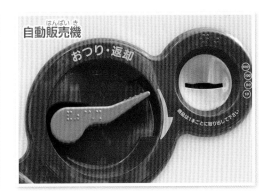
自動販売機

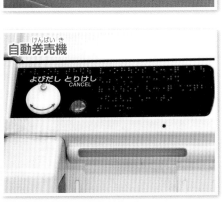
自動券売機

調味料の容器

お酒の缶

点字のしくみを知ろう

点字は、その名前がしめすとおり、点であらわした文字です。目の不自由な人は、もりあがった点の位置のちがいから、なんの文字かを判断し、言葉を読みとります。

点字は6つの点で1マス

点字は、たてに3点、横に2点の6つの点の組みあわせで、文字や記号をあらわしています。点の直径は約1.4mm、横から見ると約0.4mmもりあがっています。

6つの点の組みあわせをひとつの単位として「マス」といいます。6つのうちのどの点がもりあがっているかを、指でふれて読みとります。

点字と墨字のちがい

わたしたちが通常使っている文字は、「点字」に対して「墨字」とよばれます。点字は、かな文字や記号、数字、アルファベットなどをあらわします。点字では、墨字のように、ひらがなとカタカナを区別することはありません。漢字の点字はありますが、一般的には使われていません。

点字は、一定のサイズであらわされていて、点の大きさをかえたり、いろいろな色にしたりすることはありません。点字を書くときは、専用の器具・機械を使います。

点字のおよそのサイズとならびかた

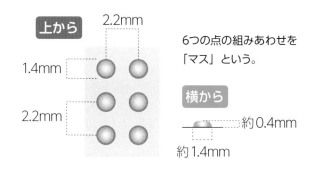

上から
2.2mm
1.4mm
2.2mm

6つの点の組みあわせを「マス」という。

横から
約0.4mm
約1.4mm

使わない点　1マスあけている　〈実際の大きさ〉
見えかた

点字　あかい　　はな　→　あかい　　はな
読み　あかい　　はな　　　　あかい　　はな

➡ この本の巻末にある【さわっておぼえる点字シート】で、実際の点字の大きさや感触をたしかめてみましょう。

点字と墨字のちがい

墨字

墨字は、文字自体の見ためを自由にかえて表現できる。

点字

点字は決まったサイズで書く。墨字のようにサイズをかえたり、形をかえたりすることはない。

へんしん　とんねる

点字の読みかた

　点字を紙などに書いたとき、点がもりあがっている側を「凸面」といい、へこんでいる側を「凹面」といいます。読むときは、凸面に指先でふれて読みとっていきます。

　点字は、左から右へ横書きで書かれています。たて書きはありません。点字がななめになっていたり、カーブをえがくようにしてならんでいたりすることもありません。

　点字を読むときは、点にふれている指を左から右へ移動させます。おもに人さし指で読みとりますが、同時に両手のほかの指で行を

なぞったりもします。複数の指でふれるほうが文全体を把握しやすく、正確に読むことができます。

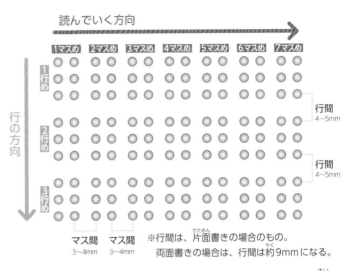

読んでいく方向 →

1マスめ　2マスめ　3マスめ　4マスめ　5マスめ　6マスめ　7マスめ

1行め　2行め　3行め

行の方向

行間 4～5mm

行間 4～5mm

マス間 3～4mm　マス間 3～4mm

※行間は、片面書きの場合のもの。両面書きの場合は、行間は約9mmになる。

　読みかたは、1行めの1マスめからすすみ、その行の最後のマスまでいったら、つぎの行へとすすみます。

点字を読む

点字図書を読む目の不自由な人。両手の指で点字にふれながら、左から右へと読んでいく。

点字を書く

小型点字器

点筆

点消棒

小型点字器を使って、点字を書くようす。点筆の先を紙におしつけて点を打ち、1点ずつ書いていく。

協力：日本点字図書館

五十音の点字をおぼえよう

点字の基本として、五十音をあらわす方法を紹介します。点字では、五十音をそれぞれ1マスであらわします。ひらがなとカタカナを区別して書くことはありません。

母音と子音

　点字で五十音をあらわすには、まず、「母音」と「子音」を知っておく必要があります。右の表は、五十音図にローマ字をくわえたものです。母音は、ア行の「あ(a)」「い(i)」「う(u)」「え(e)」「お(o)」の5つの音をいいます。ア行以外の音は、すべて子音(k・s・t・n・h・m・y・r・w)と、母音(a・i・u・e・o)が組みあわさってできています。たとえば、カ行の「か(ka)」は子音の「k」と母音の「a」、ナ行の「ぬ(nu)」は子音の「n」と母音の「u」が組みあわさっています。

　このことをふまえて、点字を学んでいきましょう。

母音と子音の点の位置

　点字の五十音は、母音をあらわす点と子音をあらわす点の組みあわせであらわします。母音の「a・i・u・e・o」は、右の図にある①・②・④の点を組みあわせてあらわします。子音の「k・s・t・n・h・m・y・r・w」は、③・⑤・⑥の点を組みあわせてあらわします。つぎのページから、五十音の点字を具体的に見ていきましょう。

五十音図とローマ字 「ん」をのぞく

	あ段	い段	う段	え段	お段
ア行	あ a	い i	う u	え e	お o
カ行	か ka	き ki	く ku	け ke	こ ko
サ行	さ sa	し si	す su	せ se	そ so
タ行	た ta	ち ti	つ tu	て te	と to
ナ行	な na	に ni	ぬ nu	ね ne	の no
ハ行	は ha	ひ hi	ふ hu	へ he	ほ ho
マ行	ま ma	み mi	む mu	め me	も mo
ヤ行	や ya		ゆ yu		よ yo
ラ行	ら ra	り ri	る ru	れ re	ろ ro
ワ行	わ wa				を wo

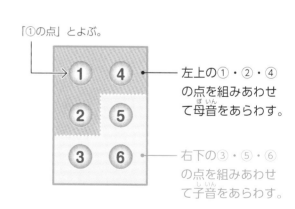

「①の点」とよぶ。

左上の①・②・④の点を組みあわせて母音をあらわす。

右下の③・⑤・⑥の点を組みあわせて子音をあらわす。

ア行

①・②・④の点を組みあわせて、母音となる「あ・い・う・え・お」をあらわします。母音で使われる点は、ア行以外の点字でも使います。

カ行

カ行の子音「k（ケー）」は⑥の点を使います。それに母音の点を組みあわせて、「か・き・く・け・こ」をあらわします。カ行に使う⑥の点は「かろく」とおぼえましょう。

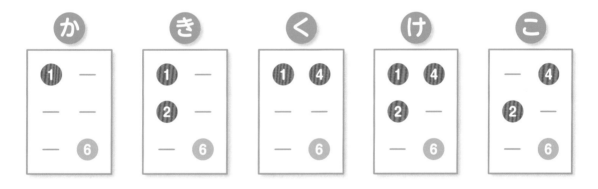

サ行

サ行の子音「s（エス）」は⑤・⑥の点を使います。それに母音の点を組みあわせて、「さ・し・す・せ・そ」をあらわします。サ行に使う⑤・⑥の点は「さごろく」とおぼえましょう。

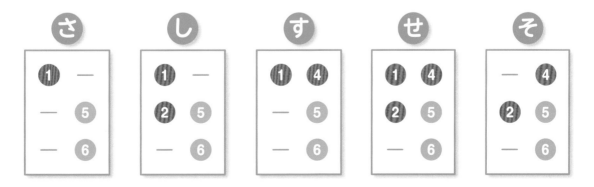

タ行

タ行の子音「t」は③・⑤の点を使います。それに母音の点を組みあわせて、「た・ち・つ・て・と」をあらわします。タ行に使う③・⑤の点は「たさんご」とおぼえましょう。

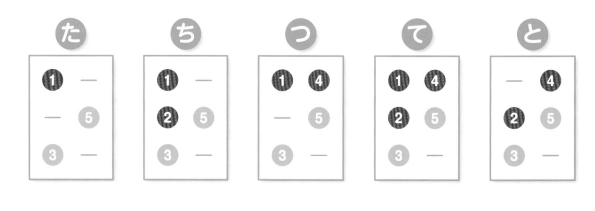

ナ行

ナ行の子音「n」は③の点を使います。それに母音の点を組みあわせて、「な・に・ぬ・ね・の」をあらわします。ナ行に使う③の点は「なさん」とおぼえましょう。

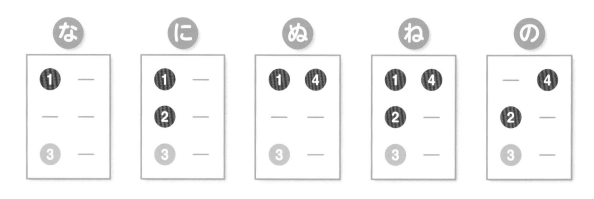

楽しい点字クイズ 1

①～③の点字の読みかたにあうイラストを、ア～ウからそれぞれ選びましょう。

〈こたえは30ページ〉

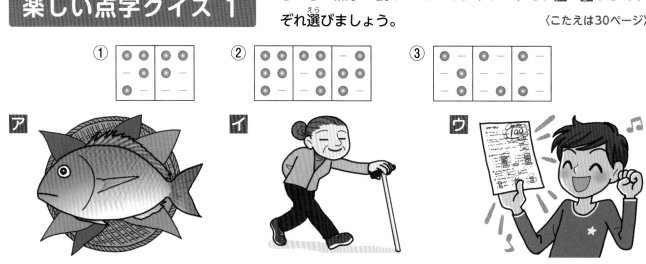

ハ行 ハ行の子音「h」は③・⑥の点を使います。それに母音の点を組みあわせて、「は・ひ・ふ・へ・ほ」をあらわします。ハ行に使う③・⑥の点は「はさむ」とおぼえましょう。

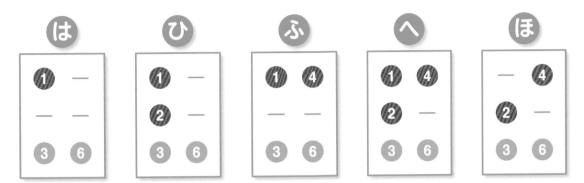

マ行 マ行の子音「m」は③・⑤・⑥の点を使います。それに母音の点を組みあわせて、「ま・み・む・め・も」をあらわします。マ行に使う③・⑤・⑥の点は「まさごろう」とおぼえましょう。

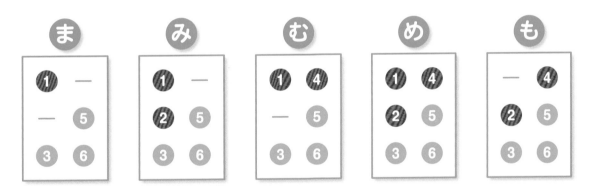

ヤ行 「や・ゆ・よ」は、母音「あ・う・お」の点をそれぞれ下まで移動させ、④の点をくわえます。「や」は③・④、「ゆ」は③・④・⑥、「よ」は③・④・⑤の点であらわします。

ラ行 ラ行の子音「r」は⑤の点を使います。それに母音の点を組みあわせて、「ら・り・る・れ・ろ」をあらわします。ラ行に使う⑤の点は「らご」とおぼえましょう。

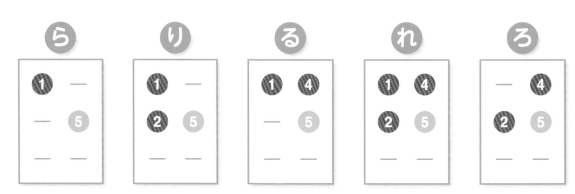

ワ行 「わ・を」は、母音「あ・お」の点をそれぞれ下まで移動させます。「わ」は③、「を」は③・⑤の点であらわします。

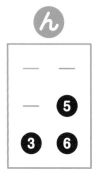

撥音（はつおん） 五十音表の最後につく「ん」のことです。

促音（そくおん） 「つ」を小さくした「っ」のことです。

長音（ちょうおん） 音をのばす棒「ー」のことで、「音引（おんびき）」ともいいます。

楽しい 点字クイズ 2

❶～❻の点字は、下のイラストにある料理の名前をあらわしています。それぞれ、なんの料理かこたえましょう。〈こたえは30ページ〉

2マスを使った点字

点字は、6つの点の組みあわせであらわすので、1つのマスではあまり多くの文字や記号をあらわすことができません。そのため、2つのマスを使ってあらわす点字もあります。2つのマスを使う点字の多くは、1マスめに「符号」をおきます。

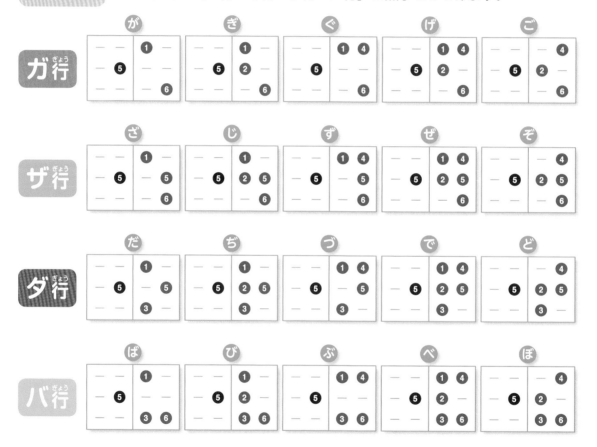

濁音　「が」「ざ」「だ」「ば」などの音。1マスめに濁音をあらわす符号（⑤の点）をおき、2マスめに「カ行・サ行・タ行・ハ行」の点字をつづけます。

半濁音　「ぱ」「ぴ」「ぷ」などの音。1マスめに半濁音をあらわす符号（⑥の点）をおき、2マスめに「ハ行」の点字をつづけます。

拗音（ようおん）

「きゃ」「しゅ」「ちょ」などの音。1マスめに拗音をあらわす符号（④の点）をおき、2マスめに「カ行・サ行・タ行・ナ行・ハ行・マ行・ラ行」の「あ段・う段・お段」の点字をつづけます。

拗濁音（ようだくおん）

「ぎゃ」「じゅ」「びょ」など、濁音がついた拗音。1マスめに拗濁音をあらわす符号（④・⑤の点）をおき、2マスめに「カ行・サ行・タ行・ハ行」の「あ段・う段・お段」の点字をつづけます。

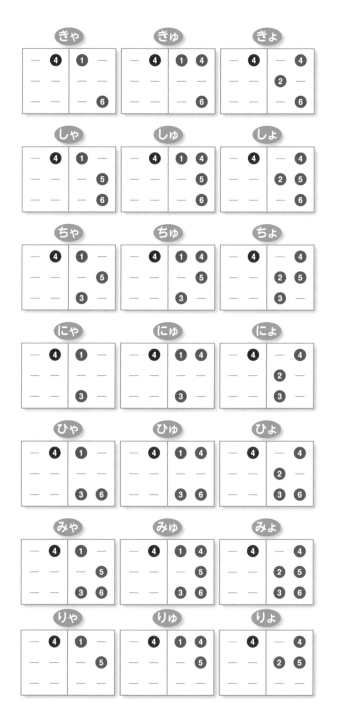

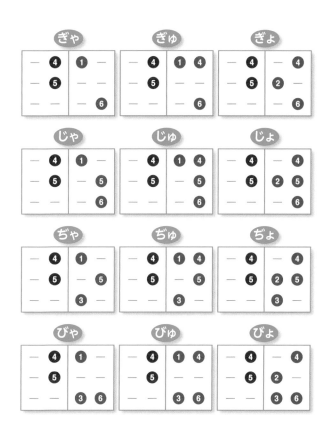

拗半濁音（ようはんだくおん）

半濁音の「ぴ」がついた拗音。1マスめに拗半濁音をあらわす符号（④・⑥の点）をおき、2マスめに「ハ行」の「あ段・う段・お段」の点字をつづけます。

特殊音

「うぃ」「でゅ」「とぅ」「ふぁ」など、拗音や濁音、拗濁音であらわせない音。外国の言葉を日本語であらわすときによく使われます。

※五十音順にならんでいます。

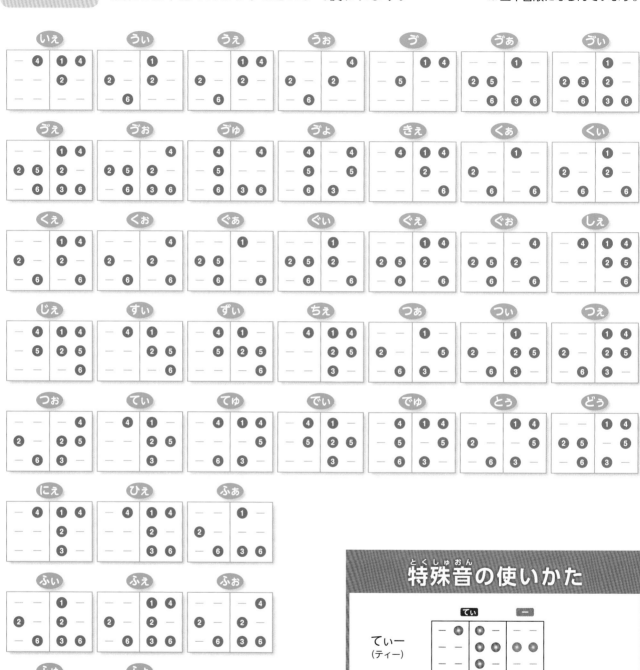

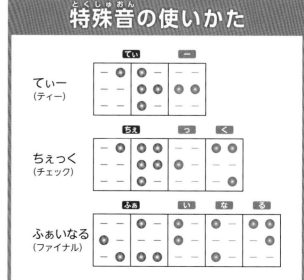

特殊音の使いかた

数字などの点字

数字を使うときは、1マスめに数符をおき、そのあとに数字の点字をつづけます。数字の「1・2・3・4・5・6・7・8・9・0」の点字は、ア行・ラ行の「あ・い・う・る・ら・え・れ・り・お・ろ」とそれぞれおなじですが、数符があることで、つぎから数字になることがわかります。

数符

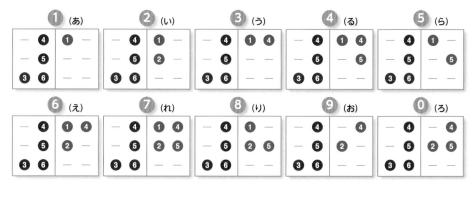

※かっこ内のかなは、数字の点字（2マスめ）とおなじになるものです。

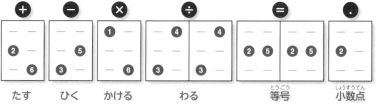

たす　ひく　かける　わる　等号　小数点

数字などの使いかた

数符は、「1」「24」「357」といった数字のかたまりの前に1つおきます。ただし、5けた以上の場合は「万（まん）・億（おく）・兆（ちょう）」などの単位をいれます。数字のあとには、かななどをつづけることができます。しかし、数字をあらわす点字はア行・ラ行の点字とおなじなので、数字のあとにア行・ラ行の点字をつづける場合は、数字の点字と区別するために「つなぎ符」（くわしくは▶p.19）をいれます。

単位の「まん（万）」のあとに1マスぶんの空白をいれ、あらためて数符をおく。

計算式で、「＋」「×」「＝」などの記号のあとに数字をつづけるときは、あらためて数符をおく。

アルファベットの点字

アルファベットを使うときは、1マスめに外字符（がいじふ）をおき、そのあとにアルファベットをあらわす点字をつづけます。アルファベットの点字は、数字や五十音（ごじゅうおん）の一部とそれぞれおなじですが、外字符（がいじふ）があることで、つぎからアルファベットになることがわかります。

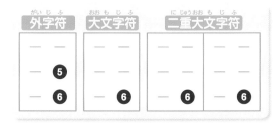

大文字の場合は、外字符（がいじふ）のあとに大文字符（おおもじふ）をおく。大文字が2つ以上連続（いじょうれんぞく）する場合は、二重大文字符（にじゅうおおもじふ）をおく。

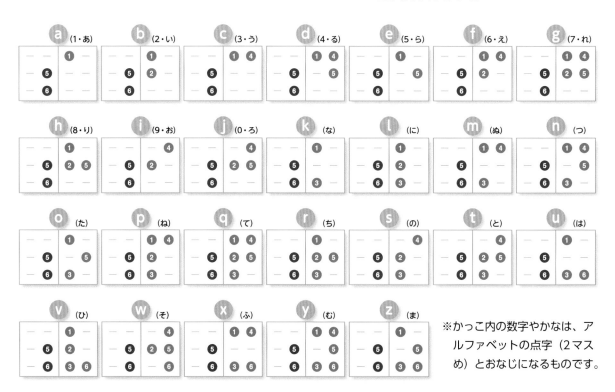

※かっこ内の数字やかなは、アルファベットの点字（2マスめ）とおなじになるものです。

アルファベットの使いかた

外字符（がいじふ）は、アルファベットのかたまりごとに1つおきます。

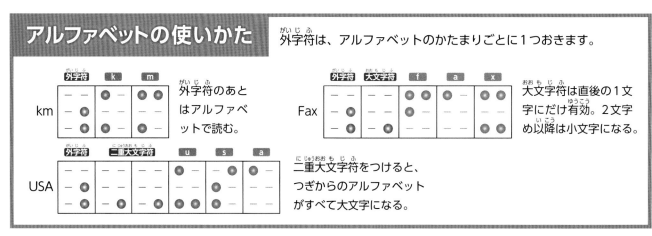

外字符（がいじふ）のあとはアルファベットで読む。

大文字符（おおもじふ）は直後の1文字にだけ有効（ゆうこう）。2文字め以降（いこう）は小文字になる。

二重大文字符（にじゅうおおもじふ）をつけると、つぎからのアルファベットがすべて大文字になる。

記号をあらわす点字

点字の記号で、よく使われるものを紹介します。「句点」「読点」「感嘆符」などのほか、言葉などの前後において使う「カギ」や「カッコ」もあります。また、記号には、前後に空白を1マスおくものや、うしろに空白を2マスおくものもあります。

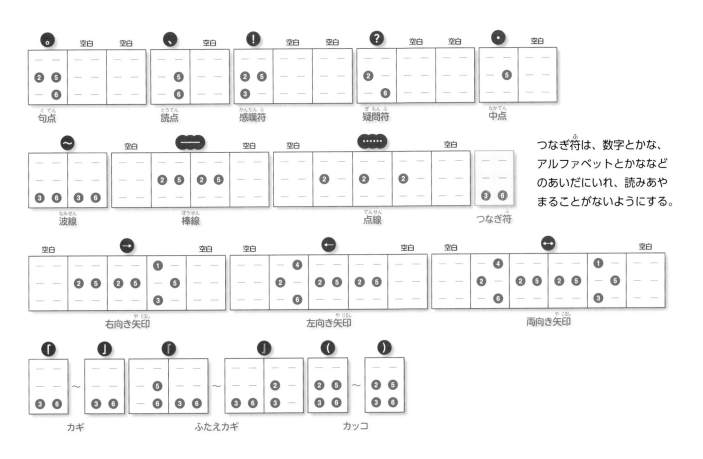

つなぎ符は、数字とかな、アルファベットとかなどのあいだにいれ、読みあやまることがないようにする。

記号の使いかた 記号類は、あとに空白をおくものに注意しましょう。

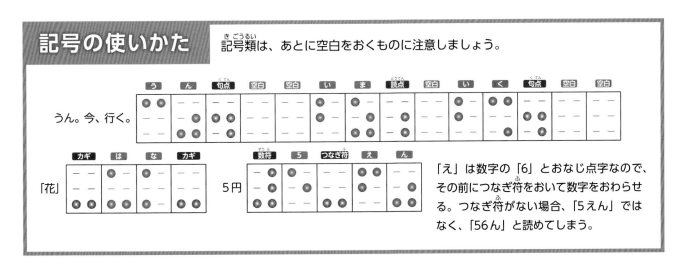

うん。今、行く。

「花」

5円

「え」は数字の「6」とおなじ点字なので、その前につなぎ符をおいて数字をおわらせる。つなぎ符がない場合、「5えん」ではなく、「56ん」と読めてしまう。

点字クイズ 3

ア〜コの点字にあてはまる動物を、絵の ① 〜 ⑯ から選びましょう。

〈こたえは30ページ〉

点字を書いてみよう

点字を書くときには、専用の道具や機器が使われます。点字の本をつくるときは、パソコンや専用のプリンターが使われ、メモなどであれば手軽で使いやすい道具が使われます。ここでは、だれでも点字を書くことができる点字盤や点字器を紹介します。

標準点字盤

点字盤は、板・定規、点筆などの一式をいいます。標準点字盤は、点字用紙が1枚書ける大きさで、昔から広く使われています。

板は点字用紙をおく台で、留め金で点字用紙をはさみます。定規は、金属板などを上下2枚かさねたもので、上にはマスの形の穴がならび、下には6つの点のくぼみがならんでいます。点筆は点を打つための道具で、先端が金属になっています。

点字は、点のもりあがった凸面を読みますが、この点字盤では、裏側の面、つまり、点がへこんでいる凹面を上にした状態で、右から左へと点を打ちます。読むときは裏返して、

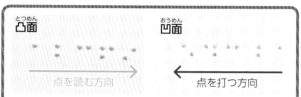

凸面	凹面
点を読む方向 →	← 点を打つ方向

点字を読む凸面（左）と点字器で点を打つ凹面（右）は表と裏の関係。点の位置は、たがいに左右を反転した状態になっている。

➡ 巻末の【さわっておぼえる点字シート】で、両面の点の配置がわかるようになっている。

凸面を上にした状態で左から右へと読みすすめます。

小型点字器

値段が安く、手軽にあつかえるのがプラスチック製の小型点字器です。横に30～40マス程度、たてに3～6行程度の点字が書けます。ケース入りでもちはこびがしやすく、外出先でメモをとったりするときなどによく使われます。

標準点字盤

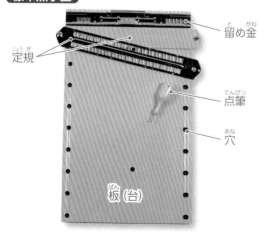

留め金
定規
点筆
穴
板（台）

小型点字器

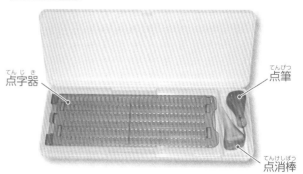

点字器
点筆
点消棒

➡ 点字盤や点字器の入手方法は、29ページの「点字器はどこで買えるの？」を参照してください。

点字器の使いかた

小型点字器は、点字器、点筆、点消棒などがセットになって、ケースにはいっています。これを使って、点字用紙に点字を書く手順を説明します。

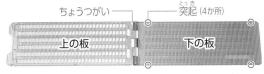

点字器をひらいたところ。上の板にはマスの形の穴がならび、下の板には点筆の先をうけるくぼみがならんでいる。

1
点字器をひらいておき、下の板の上に紙をのせる。このとき、下の板の四隅の突起が紙の下にくるようにする。

2
上の板をとじて紙をはさみ、四隅の突起のあたりをプチッと音がするまでおす。

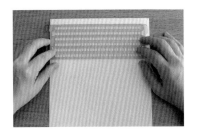

3
右上のマスから点筆で点を打ち、左へすすむ。1行め、2行めと書いていく。

4
一番下の行まで書きおえたら、上の板をひらく。

5
点字器の四隅にある突起によって、紙に穴があいている。

6
紙を上にずらして、下のほうにある2つの穴に、点字器の上のほうにある2つの突起をさしこむ。

7
上の板をとじて四隅に力をいれ、プチッと音がするまでおさえる。

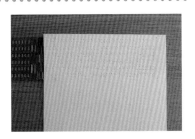

8
右上のマスからつづきの点字を打つ。

点筆のもちかた

点筆や点消棒は、親指と人さし指、中指でおさえ、垂直におろして使う。

点消棒で点を修正

| 修正前 | 修正中 | 修正後 |

点を打ちまちがえたら、紙を表（凸面）にむけ、点消棒の先端を点にあわせて真上からおしつぶす。写真では、「てんぜ」が「てんじ」に修正されている。

点字の文章のルール

指先で1つひとつ読んでいく点字には、長い文章でも読みとりやすいようにもうけられたいくつかのルールがあります。おもなルールをおぼえて、正しく読める文章を書きましょう。

言葉と言葉のあいだをあける

点字は、かぎられた点の組みあわせでさまざまな文字や記号などを表現(ひょうげん)するので、すべてつなげて書くと言葉の切れめがわかりにくくなります。そのため、言葉のまとまりごとに空白のマスをいれて区切るというルールがあります。これを「分かち書き」といいます。

たとえば、「点字を打つ」と点字で書くときは、「てんじを□うつ」のように1マスあけます。1マスあけるのは、「てんじをね」

というように、言葉のうしろに「ね」（または「さ」）をいれても意味がわかる場所です。

また、物や場所の名前なども、言葉のまとまりごとに分かち書きをします。「点字図書館」の場合、「てんじ□としょかん」です。

人の名前は名字と名前のあいだを1マスあけ、うしろに「さん」や「くん」「さま」などをつけるときは、名前のあとを1マスあけます。地名は、「いわてけん□いわてし」のように、都道府県(とどうふけん)や市区町村などのあいだを1マスあけます。

書きだしは2マスあける

墨字(すみじ)の文章で書きだしを1マスあけることがありますが、点字では、書きだしや改行後(かいぎょうご)の段落(だんらく)のはじめは2マスあけるというルールがあります。改行(かいぎょう)して段落(だんらく)をあらためることを「行(ぎょう)がえ」といいます。

言葉の途中で行をかえない

下の点字を見てください。言葉のまとまりが行のおわりまでに書ききれず、つぎの行にまたがってしまうようなときは、行をまたがず、言葉のまとまりごと、つぎの行に送りま

す。これを「行移し」といいます。

言葉のまとまりごとに行移しをするので、各行の右はしはふぞろいになりますが、問題ありません。行移しをしたあとの行は、はじめのマスをあけず、1マスめから書きます。

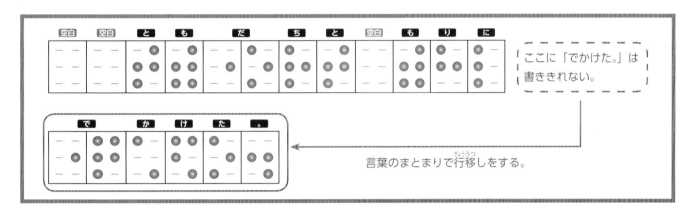

ここに「でかけた。」は書ききれない。

言葉のまとまりで行移しをする。

「は」→「わ」、「へ」→「え」

「わたしは」や「こちらへ」などの助詞の「は」と「へ」は、点字では「は」「へ」ではなく、「わ」「え」と書きます。これは実際に発音するとき、「わたしは」の「は」は「わ」と聞こえ、「こちらへ」の「へ」は「え」と聞こえるためです。

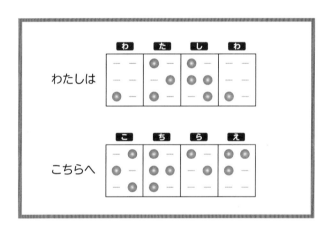

のばして聞こえる「う」は「ー」に

「おとうさん」や「さんすう」などにある「う」は、前の音がのびるように聞こえます。点字ではそれらを長音「ー」にかえて、「おとーさん」「さんすー」と書きます。「行（ぎょう）」「自由（じゆう）」は、「ぎょー」「じゆー」です。「ー」にかえるのは「う」だけで、のびるように聞こえても「あ」「い」「え」「お」はかえません。

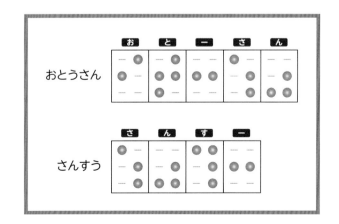

監修　社会福祉法人　日本点字図書館

日本最大の点字図書館。点字図書や録音図書の製作および貸し出しをはじめ、視覚障害者をサポートするさまざまな情報提供をおこなう。視覚障害者用具・点字図書の販売などもおこなっている。

編　　集　　ワン・ステップ

デザイン　　チャダル

イラスト　　中野 サトミ

取材協力　　日本点字図書館

楽しくおぼえよう！ はじめての手話と点字

点字 さわる文字

2020年3月　初版発行　2024年4月　第3刷発行

監　修　　日本点字図書館
発行所　　株式会社　金の星社
　　　　　〒111-0056 東京都台東区小島 1-4-3
　　　　　電話　03-3861-1861（代表）
　　　　　FAX　03-3861-1507
　　　　　振替　00100-0-64678
　　　　　ホームページ　https://www.kinnohoshi.co.jp

印刷・製本　　図書印刷株式会社

NDC369　32p.　28.7cm　ISBN978-4-323-05372-1

さわっておぼえる点字シート 〈凸面〉

さわって おぼえる てんじ しーと

五十音（ごじゅうおん）

ア行（ぎょう）	あ	い	う	え	お
カ行（ぎょう）	か	き	く	け	こ
サ行（ぎょう）	さ	し	す	せ	そ
タ行（ぎょう）	た	ち	つ	て	と
ナ行（ぎょう）	な	に	ぬ	ね	の
ハ行（ぎょう）	は	ひ	ふ	へ	ほ
マ行（ぎょう）	ま	み	む	め	も
ヤ行（ぎょう）	や		ゆ		よ
ラ行（ぎょう）	ら	り	る	れ	ろ
ワ行（ぎょう）	わ				を

濁音（だくおん）

が	ぎ	ぐ	げ	ご
ざ	じ	ず	ぜ	ぞ
だ	ぢ	づ	で	ど
ば	び	ぶ	べ	ぼ

半濁音（はんだくおん）

ぱ	ぴ	ぷ	ぺ	ぽ

拗音（ようおん）

きゃ	きゅ	きょ
しゃ	しゅ	しょ
ちゃ	ちゅ	ちょ
にゃ	にゅ	にょ
ひゃ	ひゅ	ひょ
みゃ	みゅ	みょ
りゃ	りゅ	りょ

撥音（はつおん）

ん

促音（そくおん）

っ

長音（ちょうおん）

ー

数字（すうじ）

それぞれに数符（すうふ）をつけてあらわしています。

1	2	3	4	5	6	7	8	9	0

算数の記号（さんすうのきごう）

たす	ひく	かける
＋	－	×

わる	等号（とうごう）	小数点（しょうすうてん）
÷	＝	.

点字のもりあがりを、指でさわってたしかめてみましょう。
点の配置のルールについては、本編を参考にしてください。

裏面は【点字を書くときの一覧表】です。

拗濁音

ぎゃ	ぎゅ	ぎょ
じゃ	じゅ	じょ
ぢゃ	ぢゅ	ぢょ
びゃ	びゅ	びょ

特殊音

いぇ	うぃ	うぇ	うぉ	ゔ	ゔぁ	ゔぃ	ゔぇ	ゔぉ
ゔゅ	ゔょ	きぇ	くぁ	くぃ	くぇ	くぉ	ぐぁ	ぐぃ
ぐぇ	ぐぉ	しぇ	じぇ	すぃ	ずぃ	ちぇ	つぁ	つぃ
つぇ	つぉ	てぃ	てゅ	でぃ	でゅ	とぅ	どぅ	にぇ
ひぇ	ふぁ	ふぃ	ふぇ	ふぉ	ふゅ	ふょ		

拗半濁音

ぴゃ	ぴゅ	ぴょ

アルファベット

それぞれに外字符をつけてあらわしています。

a	b	c	d	e	f	g	h	i
j	k	l	m	n	o	p	q	r
s	t	u	v	w	x	y	z	

記号類

句点	読点	感嘆符	疑問符	中点	波線	棒線	点線	つなぎ符
。 空白 空白	、 空白	！ 空白 空白	？ 空白 空白	・ 空白	〜	空白 ── 空白	空白 …… 空白	

右向き矢印	左向き矢印	両向き矢印	カギ	ふたえカギ	カッコ
空白 → 空白	空白 ← 空白	空白 ↔ 空白	「 」	『 』	（ ）

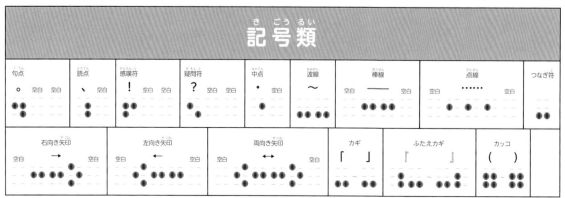

このシートは、点字をさわったときのイメージを知るために作成したものです。
実際に使用されている点字とは、点のもりあがり具合がことなります。

楽しくおぼえよう！
はじめての手話と点字

全3巻

NDC369　A4変型判

図書館用堅牢製本

「手話」や「点字」の基本がわかる、小・中学生のための入門シリーズです。わかりやすく、楽しく、手話や点字の使いかたがおぼえられます。耳や目の不自由な人たちのことについても、くわしく伝えます。

手話　目で見る言葉

監修：東京都聴覚障害者連盟　40ページ

「手話」は、耳が聞こえなくても使える言葉です。基本のあいさつから自己紹介、天気の話や学校の話、好きなものの話など、小・中学生が日常会話で使いやすい手話を掲載しています。豊富な写真解説で、手話の表現方法がしっかりわかります。

点字　さわる文字

監修：日本点字図書館　32ページ

さわっておぼえる点字シートつき

「点字」は、目が見えなくても使える文字です。かな文字や数字、アルファベット、記号などのあらわしかたをはじめ、読むときや書くときのきまりがくわしくわかります。「点字クイズ」もまじえて、点字の読みかたが楽しくおぼえられます。

耳と目の障害を知ろう

監修：東京都聴覚障害者連盟、日本点字図書館　40ページ

耳や目に障害があるということについて、わかりやすく解説しています。耳の不自由な人や目の不自由な人のくらしかた、まわりの人の手助けが必要な場面や、お手伝いするときの方法についても、具体的に伝えます。

点字作文用紙

この作文用紙は、墨字でつくった文章を点字の文章にするためのワークシートです。

名　前	

墨字の文

点字の文

○を点字の点に見たてて、点を打つ位置をぬりつぶし、点字の文章を書きましょう。

※このページはコピーしてご使用ください。　　　※この作文用紙の点字は、えんぴつなどで書きやすいようにするため、サイズを少し大きくしています。